SOCIÉTÉ DE GÉOGRAPHIE DE LILLE.

LA
PÉNÉTRATION AU SOUDAN
PAR LA MELLACORÉE

Conférence faite à Lille,

PAR

le Capitaine BROSSELARD-FAIDHERBE,

Officier d'ordonnance du Ministre de la Guerre,
Commissaire à la Commission
de délimitation des possessions franco-portugaises de la côte occidentale d'Afrique,
Membre d'honneur de la Société de Géographie de Lille.

Extrait du Bulletin de la Société de Géographie de Lille.

LILLE,
IMPRIMERIE L. DANEL,

1892

LA

PÉNÉTRATION AU SOUDAN

PAR LA MELLACOREE

LA

PÉNÉTRATION AU SOUDAN

PAR LA MELLACORÉE

Conférence faite à Lille,

le Capitaine BROSSELARD-FAIDHERBE,

Officier d'ordonnance du Ministre de la Guerre,
Commissaire à la Commission
de délimitation des possessions franco-portugaises de la côte occidentale d'Afrique,
Membre d'honneur de la Société de Géographie de Lille.

Extrait du Bulletin de la Société de Géographie de Lille.

IMPRIMERIE L. DANEL.

1892.

LA

PÉNÉTRATION AU SOUDAN

PAR LA MELLACORÉE

La mission s'embarque à Marseille, le 10 décembre 1880, sur le *Taygète* de la compagnie Fraissinet.

Elle se composait de M. des Michels, lieutenant au 4e chasseurs à cheval ; de M. Georges Warenhorst, explorateur volontaire qui m'avait déjà accompagné dans une exploration précédente ; de M. Adrien Marie, peintre d'un grand talent, et de M. Dubois, publiciste, ces deux derniers voyageant pour le compte du journal l'*Illustration*.

A Oran, je pris passage à bord du *Taygète*, et fis embarquer cinq chevaux et deux mules avec les harnachements nécessaires.

A Dakar, la mission s'augmente de dix hommes recrutés à Saint-Louis et habillés en tirailleurs et d'un cadre pris dans les tirailleurs (1 sergent, 1 caporal, 1 clairon), de deux conducteurs d'artillerie, et de sept domestiques ou cuisiniers.

Le 24 décembre, le *Taygète* mouille en rade de Konakry.

Le pilote se refusant à faire entrer le *Taygète* dans la Mellacorée, il fallut procéder au transbordement sur une goëlette de 50 tonneaux, de la compagnie française.

Le capitaine Fabrique, du *Taygète*, dont je ne saurais trop louer le dévouement et la bonne volonté, prit la goëlette à la remorque.

Pendant cette opération, la goëlette fut sur le point d'être coulée et, heureusement, n'eut que son beaupré brisé par l'avant du paquebot.

Dans la nuit, le capitaine Fabrique largua la goëlette à la hauteur de cap Matakong.

La goëlette, qui était chargée à couler et manœuvrait difficilement, ne put entrer que le 26 dans la Mellacorée, et, le même jour, nous abordions à la tombée de la nuit le quai de la compagnie française à Benty.

Les animaux furent immédiatement mis à terre.

Le 27, le matériel est débarqué et remisé dans un magasin de la compagnie française.

Le 28, M. Warenhorst fait ouvrir les caisses et organise le matériel de l'expédition.

Les équipements, les harnachements, les armes sont transportés à mesure au poste, où des M. Michels dirige les ateliers pour tout mettre en bon état. Je procède également à l'habillement et à l'armement des porteurs qui arrivent par groupes et sont immédiatement organisés militairement et soumis à une discipline sévère.

Le 31 décembre, l'expédition est complètement organisée ; le 1er janvier est consacré au repos.

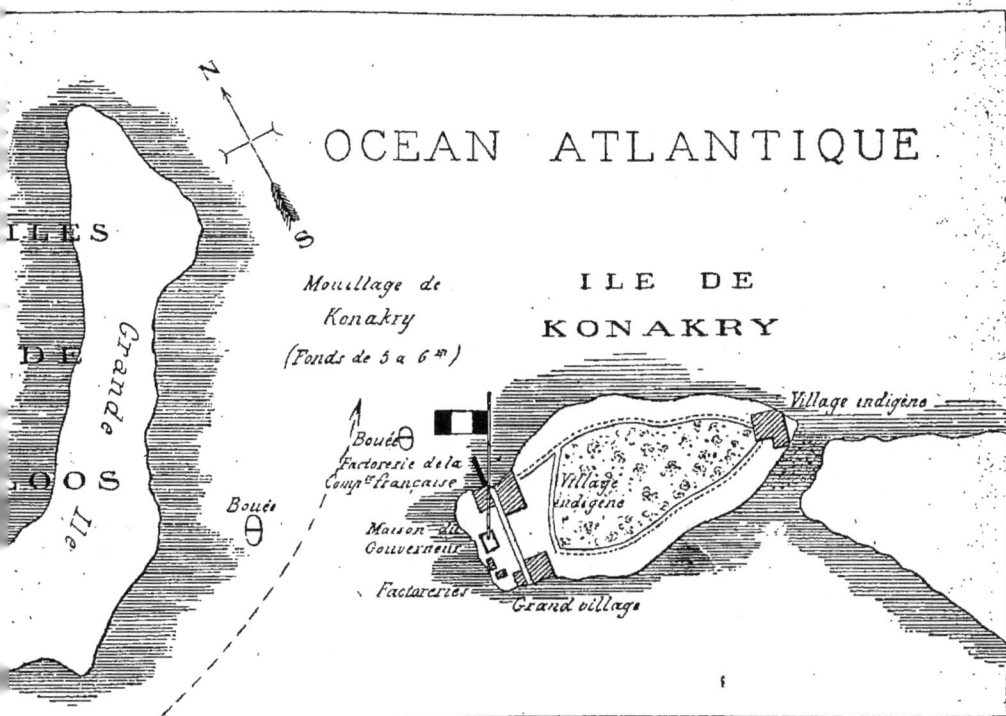

KONAKRY, CHEF-LIEU DE LA GUINÉE FRANÇAISE.

La Marche en avant.

Le 2 janvier, nous quittons Benty.

Huit jours plus tard, l'expédition atteint Pharmoréah, après un parcours extrêmement pénible dans la région comprise entre la Mellacorée et le cours inférieur de la Grande-Scarcie.

Cette région alluvionnaire est coupée en tous sens par des marigots larges de plus de 300 mètres. Nous les franchissons à marée basse. Bêtes et gens y enfoncent au point de disparaître ; les porteurs pour se dégager jettent leurs charges.

Il faut chaque fois alléger les mulets, et, malgré ces précautions, il faut les soulever à force de bras pour les sortir de la vase, qui dégage des odeurs fétides.

Ces marigots sont eux-mêmes alimentés par des ruisseaux vaseux bordés d'une épaisse végétation épineuse.

Pour les franchir, il faut chaque fois ouvrir des tranchées dans la végétation et pratiquer des rampes d'accès sur les rives pour assurer le passage des animaux.

Cette région alluvionnaire est une immense plaine couverte de hautes herbes, dont la hauteur dépasse 6 mètres ; la marche est très pénible dans les sentiers à peine tracés à travers cette végétation qui conserve une telle humidité que nos effets sont aussi mouillés que si on les eût trempés dans l'eau.

Cette humidité constante détériore beaucoup les armes.

De magnifiques bouquets de bois émergent de temps à autre, abritant un village et des plantations de colatiers, d'orangers et d'autres arbres fruitiers, dont les proportions colossales sont inconnues partout ailleurs.

Dans le voisinage de Pharmoréah, le sol se relève et l'aspect du pays se modifie.

Nos approvisionnements ont été expédiés par eau à Pharmoréah.

M. Warenhorst organise un convoi auxiliaire de cinquante porteurs, qui est expédié sous la conduite du sergent à Ouélia.

Deux autres convois sont organisés et remisés dans les magasins de la compagnie française, qui les expédiera quand il sera possible de se procurer des porteurs.

Le 10 janvier, la colonne reprend sa marche.

Nous nous dirigeons vers le Kolenta et remontons la rive droite de cette belle rivière jusqu'à Ouélia, que nous atteignons le 21 janvier.

Nous faisons une étude minutieuse de la vallée de la Kolenta, et envisageons ses conditions de navigabilité.

Dans le parcours suivi, la Kolenta reçoit quelques collecteurs venant de l'intérieur. Ces rivières n'arrivent dans la vallée de la Kolenta qu'en s'ouvrant de profondes et larges tranchées à travers un plateau qui isole les vallées supérieures de la vallée même du fleuve. Ce plateau, qui vient mourir à quelques kilomètres de la Kolenta, donne naissance à une infinité de petits ruisseaux.

Ils sont encaissés, bordés d'une végétation très serrée. Souvent le fond est marécageux et mouvant : il faut prendre, pour passer, des précautions qui sont une cause d'arrêt pour la colonne, et il est d'ailleurs presque toujours nécessaire de défricher et d'entailler les berges, pour assurer le passage des animaux.

On peut apprécier le labeur des étapes faites dans de pareilles conditions, d'autant plus que les ruisseaux se succèdent en moyenne à moins de 500 mètres les uns des autres.

Il serait impossible d'établir une voie ferrée dans la vallée même de la Kolenta.

Sur les rampes du plateau, ce n'est en effet qu'une succession de montées et de descentes, et il ne saurait être question d'utiliser la plaine qui s'étend au-dessous du plateau, dans le voisinage même de la Kolenta, car elle est généralement très boisée, marécageuse et recouverte partiellement par les eaux pendant l'hivernage.

Aussi, pendant un séjour de quelques jours que nous dûmes faire à Ouélia, je recherchai si la voie ferrée ne pourrait pas être établie sur le plateau même.

Je fus vite convaincu favorablement à cet égard, et cette conviction devint plus tard une certitude, car au retour nous avons eu la satisfaction de reconnaître un tracé très avantageux.

Dans le voisinage de Ouélia, les indigènes me laissèrent ignorer l'existence du gué de Korira que j'ai franchi au retour.

On attendait, en effet, ainsi que je l'ai appris plus tard, un convoi d'esclaves expédié par les Sofas et composé en partie de gens enlevés dans le Kakoun-ya, et les indigènes, qui tirent toujours bonne aubaine du passage de cette riche marchandise, se souciaient peu de me lancer sur sa route d'arrivée.

Aussi, à Ouélia, il fallut faire franchir aux animaux la Kolenta à la nage. Ce fleuve est profond de 3 mètres et large de 80 en cet endroit.

Il fallait que les animaux pussent atteindre une étroite ouverture pratiquée sur la rive opposée, dans l'épaisse végétation qui borde la rivière.

Nous ne disposions que d'une toute petite pirogue, et la remorque des animaux constituait une opération des plus difficiles.

M. des Michels mit deux jours à mener à bien cette délicate opération, et, grâce à l'intelligence et à l'énergie de cet officier, nos cinq chevaux et nos deux mules atteignirent sans accident la rive opposée.

Le 25 janvier, nous sommes en route en nous dirigeant vers les massifs du Tamisso.

Pour gravir les montagnes par des chemins à pic, il faut presque porter les animaux ; car à chaque instant, dans l'étroit sentier bordé de précipices, se dressent des roches que nous escaladons, mais sur lesquelles les chevaux, en se dressant, ne peuvent même pas placer les pieds de devant.

Tous nos outils se brisent sur les roches qu'il faut ouvrir en certains endroits.

Malgré tant de difficultés accumulées sur le chemin, nous entrons le 30 dans Ouaoussou, capitale du Tamisso. Nous sommes à 500 mètres d'altitude, mais nous avons dû franchir des plateaux et des hauteurs qui dépassaient 800 mètres, à travers les plus épouvantables sentiers qui se puissent imaginer.

M. Lamadon, l'administrateur de la Mellacorée, venait de quitter Ouaoussou ; nous nous étions rencontrés à Ouélia.

A la nouvelle de l'envahissement du Kakoun-ya par les Sofas, ce fonctionnaire distingué n'avait pas hésité à se rendre à marches forcées dans le Tamisso. Par sa présence, il sut arrêter la marche des Sofas et sauva d'une ruine complète le Tamisso et peut-être le Bennah.

Le roi Délédougou, du Kakoun-ya, est réfugié avec une poignée de guerriers auprès de l'almamy du Tamisso.

J'invite Délédougou à me suivre dans le Kakoun-ya, où je lui rendrai la possession de ses États.

Le 3 février, je reprends la marche en avant, et le 5, je franchis la rivière Lolo, frontière du Kakoun-ya.

Les avant-postes sofas, qui sont venus reconnaître mon camp du 4, se replient devant nous.

J'attends Bélédougou qui se montre hésitant. Je ne veux pas m'a-

2

venturer dans ce pays montagneux, si propice à la guerre d'embuscade, sans me faire couvrir de ses gens qui seuls peuvent éclairer ma marche.

Le 6, Bélédougou arrive avec ses guerriers et mes approvisionnements.

Après de pénibles marches dans les sentiers de montagne, sur des contreforts élevés de 700 à 900 mètres, nous entrons dans Sambéïa, résidence de l'almamy.

Le pays est complètement dévasté et ruiné. Les chemins sont parsemés de débris abandonnés par les Sofas; des cadavres sont abandonnés sans sépulture sur l'emplacement des villages ruinés, dans les ruisseaux qu'ils empoisonnent, et de toutes parts, dans la brousse.

A Sambéïa, j'invite Bélédougou à faire reconstruire les défenses du village.

Les Sofas se sont repliés au-delà des frontières du Kakoun-ya, mais j'apprends qu'ils sont concentrés sur les deux routes que je puis suivre dans le Houré et le Kamonké.

J'envoie des émissaires dans le Houré pour ouvrir des pourparlers avec Sisséké, qui occupe le premier poste militaire sofa dans ce pays.

Je me propose, en effet, de poursuivre ma marche dans cette direction.

Je charge M. des Michels de se rendre à Yomaya, capitale du Kamonké.

Je sais que les Sofas viennent d'envahir le pays, et que l'almamy subit leurs lois.

Mes émissaires envoyés dans le Houré ne sont pas reçus par Sisséké.

Dans l'accomplissement de sa mission, M. des Michels, après avoir franchi la Kolenta, dut laisser sur la rive de cette rivière son cheval et sa mule, pour gravir un véritable escalier de roches qui conduisent à Yomaya, qui est juché comme un nid d'aigles sur le haut d'une colline escarpée et à l'altitude de 360 mètres.

Au moment d'arriver à Yomaya, il tomba sur les sentinelles sofas; sa présence est signalée et 300 Sofas qui occupent le village se précipitent à leur poste de combat.

M. des Michels est abandonné des quelques hommes qui l'accompagnent; seul, un conducteur d'artillerie, d'origine toucouleur et taillé en hercule, reste auprès du lieutenant. On se jette sur eux, on veut les désarmer, on les menace de mort.

M. des Michels se sauve par son attitude et son sang-froid, et permet aux chefs d'arriver.

Malgré l'opposition de ces derniers, il pénètre dans le village, et se rend à l'habitation de l'almamy.

Les Sofas, groupés en masse, restent stupéfaits par tant d'audace, et M. des Michels quitte Yomaya.

Au retour du lieutenant, je nommai le conducteur Amar brigadier. Le seul nom de Sofa terrorise le personnel indigène de la mission.

A plusieurs reprises, les Sousous ont voulu déserter en masse. Ils ont été ramenés grâce à l'énergie des membres de la mission.

N'ayant pu fuir en masse, ils recherchent toutes les occasions de déserter isolément.

Ayant reconnu l'impossibilité d'ouvrir des relations avec les chefs sofas qui gardent les routes d'accès du territoire qu'ils occupent, j'avais expédié un courrier à Keramo Bilaly, lieutenant de Samory, dont la résidence est à Erimankono, centre créé par lui (Erimankono signifie « pays de l'abondance ») ; c'est en effet un centre agricole très riche.

Keramo Bilaly m'invita à entrer sur le territoire du Houré.

Ce merveilleux pays n'a plus d'habitants, le seul centre militaire qu'on y rencontre est le poste militaire de Salliya, au point de rencontre des deux routes de la côte et se réunissant en ce point pour former la seule route de Kouroussa.

A Salliya, nous sommes arrêtés par Sisséké, qui nous fait très mauvais accueil, et entre en lutte ouverte avec les trois fidèles de Keramo Bilaly, qui veulent prendre nos intérêts.

On nous refuse les vivres, et Sisséké se contente de nous procurer des distractions sous forme de grandes parades militaires.

On nous assure que Keramo Bilaly va venir à Salliya et que notre sort dépendra de sa volonté.

Plusieurs jours se passent, l'almamy n'arrive pas, malgré mes lettres pressantes. D'autre part, notre situation devient tellement difficile avec Sisséké que je prévois un conflit, et prends la résolution de marcher en avant.

Le camp est levé, mais nous sommes arrêtés par les Sofas, qui s'opposent à notre départ.

Enfin Keramo Bilaly me donne rendez-vous à Simangarea, petit village situé dans le Houré, très près de Erimankono, où je ne pouvais me rendre, cette résidence du général de Samory étant établie sur le territoire du Soulimana.

Le 6 mars, nous arrivons à Simangarea, où Keramo Bilaly est déjà établi avec une troupe de 1,500 hommes et de 200 chevaux.

Après les cérémonies en usage et une répétition des manifestations militaires de Salliya, j'ouvre le palabre avec Keramo Bilaly. L'almamy est un homme de trente-cinq ans, à la physionomie ouverte et intelligente ; il s'exprime avec aisance et dignité.

Il m'expose avec beaucoup de calme les griefs de Samory à l'égard des Français : il me fait sentir avec une éloquence toute diplomatique que la situation est très tendue entre Samory, son maître, et le commandant du Soudan français ; mais, toutefois, le papier signé entre Samory et la France n'est pas déchiré ; c'est pour cette raison qu'il a évité de me faire la guerre. Toutefois, il n'est pas maître des événements qui se déroulent de l'autre côté du Niger, et sa consigne peut être modifiée d'un moment à l'autre.

Néanmoins, il nous prévient que Samory ne veut pas que ma colonne puisse atteindre le Niger et apporter le concours de ses fusils aux troupes du colonel ; aussi lui, Keramo Bilaly, fidèle exécuteur des ordres du maître, doit-il arrêter la marche de l'expédition.

Cette déclaration du chef des Sofas n'était pas faite pour faciliter l'entente dans les pourparlers et les relations ; aussi provoqua-t-elle dans les deux camps une attitude de défiance réciproque.

Sur ces entrefaites, arrive un courrier de la côte : il est porteur d'une lettre officielle qui confirme le dire de l'almamy au sujet de la situation politique existant dans le Soudan français.

Le courrier arrive au milieu d'un nouveau palabre avec l'almamy, qui me fait part de son désir de connaître le contenu du message. Ma réponse très nette le désillusionne ; il prend un air froissé, se lève, laisse les cadeaux que je viens de lui faire, et oblige les gens de sa suite à déposer également ceux qu'ils viennent de recevoir. Dans le camp sofa, on affecte une attitude hostile et les relations sont rompues.

La consigne est donnée de ne plus ravitailler notre camp ; des postes sont établis à la lisière des bois qui nous environnent.

La nuit venue, l'armée de Kéramo Bilaly enveloppe notre camp et exécute en s'avançant jusqu'à nos sentinelles un simulacre d'attaque, accompagné de hurlements sauvages.

Je donne l'ordre de ne rien changer aux consignes ordinaires, et nous achevons tranquillement de dîner, notre table luxueusement éclairée au milieu du camp.

Le lendemain, je fais inviter l'almamy à donner des ordres pour éviter que l'on ne renouvelle ce qui s'est passé la veille.

« Il m'évitera ainsi d'être obligé de dire en France que les Sofas et leurs chefs ne sont que des sauvages. J'ai lieu de m'étonner du peu d'égards qu'il a pour un officier français : car, grâce à son intimité avec Karamoko, il ne doit pas ignorer de quelle façon chez les gens qui veulent passer pour civilisés, on reçoit les chefs des pays étrangers. »

Ces paroles qui furent fidèlement traduites, notre attitude pleine de réserve et de dédain causent une certaine honte à l'almamy ; il nous fait adresser des excuses, et pour se donner l'occasion de se rapprocher de notre camp, il nous fait savoir qu'il va donner une grande séance militaire en notre honneur.

Les troupes arrivent par détachements qui se succèdent régulièrement ; ils sont de composition égale, et marchent dans un ordre parfait. Ces détachements ont chacun leurs chefs respectifs. Ils viennent se placer successivement en ordre de bataille sur le champ de manœuvre où se trouve établi le camp français.

Après l'infanterie, dont les contingents se sont augmentés depuis l'arrivée de la mission, défile la cavalerie. Celle-ci est généralement bien montée ; les cavaliers manient leurs montures avec beaucoup de souplesse et d'aisance, savent faire bon usage de leurs armes aux diverses allures. Ils sont munis de fusils à tir rapide ou d'armes de différents modèles se chargeant par la culasse.

L'infanterie, qui est uniformément armée de fusils à pierre ou à piston, est pourvue d'un certain nombre de fusils se chargeant par la culasse : fusils à tabatières, fusils Chassepot et même fusils Gras.

J'examine un de ces fusils qui porte le nom et l'adresse d'un armurier de Paris.

Enfin, Keramo Bilaly ferme la marche ; il est précédé de ses musiciens, qui exécutent une sorte de pas redoublé, et suivi de sa garde particulière, habillée d'une façon uniforme et armée de fusils Chassepot.

Son arrivée est saluée par les hurrahs sauvages de sa troupe.

Il défile avec dignité devant elle, toujours précédé de ses musiciens, suivi de sa garde et caracolant de son mieux.

Il prend ensuite le commandement des troupes, et pendant deux heures leur fait exécuter toute une série de manœuvres, et faire des simulacres d'attaque et de retraite qui dénotent la connaissance approfondie d'une tactique bien admise, admirablement connue des chefs et exécutée avec un entrain et une assurance remarquables par les guerriers qui composent les diverses fractions. ..

Certains mouvements sont exécutés avec une rapidité et un ensemble qui nous surprennent.

Enfin, quand il pense nous avoir suffisamment impressionnés par cette mise en scène de sa puissance, l'almamy s'avance, suivi de son armée toute ruisselante de sueur et couverte de poussière ; elle marche en formation régulière de masse, derrière lui, et entonne, sur un ton rythmé, le chant de guerre des Sofas.

A quelques pas de ma tente, l'almamy met pied à terre et demande à me serrer la main pour affirmer devant toute son armée que la paix existe avec les Français.

Les pourparlers sont ouverts et le camp est ravitaillé ; il n'était que temps, car bêtes et gens étaient littéralement affamés depuis deux jours.

Je crois le moment venu de reprendre le sujet de la marche en avant.

Je propose à l'almamy de m'accompagner lui-même. Je payerai largement les porteurs, les gens de l'escorte, et à lui-même je réserverai une importante gratification en argent.

Keramo Bilaly me répond qu'il ne peut pas me laisser passer, sa consigne est formelle.

Je répondis à l'almamy que sa politique manquait de franchise.

Keramo Bilaly, très émotionné de ces paroles, m'affirma qu'il désirait rester en bons termes avec les Français, qu'il serait tout disposé à s'entendre avec nous, si nous voulions reconnaître ses titres de souveraineté sur les territoires où il était établi.

Pour me prouver son indépendance, il me ferait suivre d'une riche caravane, et me fournirait à moi-même les moyens de quitter le territoire des Sofas.

Après cette entrevue, je voulus me rendre sur une hauteur voisine, d'où l'on découvrait le cours du Niger.

Keramo Bilaly m'invita à ne pas donner suite à ce projet, et me fit savoir que si je ne partais pas le lendemain, il donnerait l'ordre aux Sofas de quitter Simangarea, et qu'il nous deviendrait impossible de nous ravitailler. Lui-même avait hâte de faire rentrer ses troupes dans leurs cantonnements respectifs, car il lui devenait impossible de les nourrir.

Notre mission était donc terminée.

Au point de vue géographique, il a été très intéressant de constater que la carte du pays se trouvait déplacée vers le sud, de telle sorte que Falaba est reporté à 60 kilomètres plus au sud.

J'attribue cette erreur de l'itinéraire rudimentaire de MM. Sweifel et Moustier à ce fait qu'ils n'ont pas tenu compte de la déclinaison. Si, en effet, l'on fait passer une ligne droite de Port-Lokko sur le Falaba donné dans l'itinéraire de ces messieurs, et que l'on décline cette ligne de 10° dans le Sud, on reporte Fabala dans la position qu'il occupe en réalité, et qui est donnée par nos travaux.

Nous rapportons donc la certitude de posséder une excellente route entre la côte et le Niger, et j'ai déjà acquis la conviction qu'il n'y a que sur notre territoire qu'il soit possible de faire un chemin de fer.

Retour à la Côte.

La mission reprend la route de Salliya, où Sisséké se montre plus arrogant et plus hostile qu'à notre premier passage.

Malgré les protestations des chefs que Keramo Bilaly nous a adjoints, il se refuse à nous procurer les vivres dont nous avons un pressant besoin.

Arrivé le matin, j'avais donné l'ordre du départ dans l'après-midi pour aller camper sur les bords de la rivière Pantéli.

Pendant les pourparlers pour obtenir des vivres, l'attitude de Sisséké était devenue intolérable ; comme elle était désavouée par les chefs qui représentaient l'almamy, je fis partir le convoi avec MM. Marie et Dubois, sous la conduite de M. Warenhorst, et conservai les hommes en état de fournir un coup de force.

Je venais de donner des instructions à M. des Michels pour enlever la place, si Sisséké ne se décidait pas à fournir les vivres nécessaires à la colonne, lorsque celui-ci sortit de son tata par la porte opposée à notre camp et se lança à toute allure de son cheval, suivi d'une bande de cavaliers, dans la direction de notre convoi.

En même temps, des fantassins cachés dans les bois voisins se lançaient à sa suite.

Laissant M. des Michels avec sa troupe, je sautai sur un cheval et me lançai à la poursuite de Sisséké. Ma bête, bien enlevée, gagna rapidement sur les cavaliers sofas, et j'arrivai sur eux le revolver à la main.

Les cris poussés par les fantassins qui débouchaient de toutes les directions et signalaient mon arrivée, arrêtèrent les cavaliers, qui avaient atteint le convoi. Ils firent volte-face, et je me trouvai en présence de Sisséké. Mon domestique se détacha du convoi et vint me servir d'interprète.

J'étais décidé à brûler la cervelle du chef sofa si son attitude restait provocatrice. Mais à mon grand étonnement, il me fit des excuses et me promit de me fournir séance tenante des vivres et même des porteurs.

Il retourna de suite au village et s'exécuta.

J'envoyai l'ordre au roi Délédougou de venir au-devant de moi avec des porteurs et des vivres. Je mis l'almamy du Kakoun-ya en présence des délégués de Keramo Bilaly, et lui fis confirmer l'assurance de paix, et le respect du territoire de Kakoun-ya, que j'avais exigés de l'almamy des Sofas.

La population du Kakoun-ya, qui s'était enfuie dans les pays voisins, attendait la confirmation de cette paix pour rentrer.

La mission quitte ensuite la région montagneuse pour gagner la vallée de la Petite-Scarcie (rivière Kaba), où nous prenons la route commerciale du Niger et étudions à loisir le tracé du chemin de fer.

Traversant rapidement les plaines qui s'étendent entre la Kaba et la Kolenta, nous coupons cette rivière au gué de Korira, entre Baïen-Baïen et Ouélia.

Ce gué, constitué par une série de dalles horizontales, offre un passage de 10 à 15 mètres de large. Ses eaux passent entre les fissures ouvertes entre les dalles.

C'est un pont naturel surélevé de 50 centimètres pendant les basses eaux et recouvert de 1 mètre à $1^m,5$ aux hautes eaux.

On établira sur ce passage un pont très économique pour la voie ferrée.

La traversée de la Kolenta était le seul obstacle sérieux à la construction d'une voie ferrée ; cet obstacle n'existe plus.

De Baïen-Baïen à Kofiou, nous marchons sur un plateau qui n'est coupé que par quelques collecteurs de la vallée supérieure.

Le 1er avril, nous arrivons à Pharmoréah après une marche relativement rapide, mais singulièrement facilitée par l'excellente route que nous avons suivie depuis la rivière Kaba.

Cette route commerciale du Niger est presque carrossable dans son état actuel entre Baïen-Baïen et Pharmoréah.

Pendant notre retour, nous avons pris toutes les dispositions nécessaires avec les autorités locales pour que la route reste parfaitement libre au commerce.

Quelques jours après notre arrivée, je descendis à Benty avec MM. Marie et Dubois, désirant procurer à ces messieurs les moyens de se rendre à Sierra-Leone pour regagner l'Europe, leur état de santé ne leur permettant plus de rester sans danger sur la côte d'Afrique.

Je revins de suite à Pharmoréah pour reprendre l'étude que j'avais entreprise de la rivière Mellacorée, où je recherchais un point initial favorable pour le chemin de fer.

Ayant été invité par le gouverneur des Rivières du Sud à prendre la direction du cercle de la Mellacorée, en attendant l'intérimaire de M. Lamadon, j'organisai une petite expédition que je conduisis sur les confins du Caniah pour régler une question pendante.

Cette petite démonstration militaire produisit le meilleur effet, et nous permit de parcourir et de lever une région merveilleuse, la plus belle, la plus riche et la mieux peuplée que j'aie rencontrée en Afrique.

La rivière de Forécariah est navigable jusqu'à Baschia, où la marée se fait sentir.

J'en ai reconnu le cours au retour, ayant eu soin d'expédier la baleinière de l'administration pendant ma marche par terre. Pendant cette expédition, j'eus une entrevue à Forécariah avec l'almamy de Moréah, et je lui donnai rendez-vous à Pharmoréah pour signer un traité de concession du territoire au gouvernement français dans la zone de construction de la voie ferrée.

Les lois du Moréah interdisent la vente de la terre aux étrangers, et nos commerçants ne peuvent s'établir que sur des terrains loués à des prix ridicules.

Ce traité, qui a été signé par l'almamy et tous les alcalis de Moréah après de longs pourparlers, constituera un précédent pour obtenir d'autres concessions dans ce merveilleux pays qui produit tant, et serait susceptible d'un si grand progrès entre les mains des Européens.

3

CONSIDÉRATIONS GÉNÉRALES.

En dirigeant l'importante et intéressante expédition dont j'avais le commandement, je me suis efforcé en toutes circonstances de procéder avec calme et méthode.

La mission rapporte une riche récolte géographique, les pays parcourus étant inconnus ou faussement connus.

Les études topographiques ont été exécutées avec une rigoureuse méthode pendant toute la durée de l'expédition, et nous rapportons une carte au 1/50,000 qui ne représente pas moins de 20,000 kilomètres carrés et révèle de la façon la plus complète la connaissance du sol et des pays qui s'étendent entre l'Océan et le cours supérieur du Niger.

Nous rapportons la certitude que la France a le monopole de la construction possible, dans des conditions économiques, d'un tracé de chemin de fer de 312 à 320 kilomètres de parcours, qui reliera le Niger et nos possessions du Soudan à la côte.

C'est la solution du grand problème économique concernant le Soudan.

La mission rapporte une étude détaillée au 1/50,000 de ce tracé, qui traverse de riches régions très productives et bien peuplées, ou susceptibles de l'être, dans la zone ravagée par les Sofas, quand nous aurons mis ordre à la situation présente.

M. Warenhorst, qui a rendu les plus grands services à la mission en s'occupant de tous les services de détail et en secondant M. des Michels, rapporte une collection photographique du plus haut intérêt, que j'ai l'honneur de joindre à ce rapport.

M. Adrien Marie, qui a malheureusement succombé en rentrant en France, avait rempli ses cartons d'aquarelles qui constituent une collection sans précédent, et ses albums et carnets sont pleins de croquis du plus vif intérêt.

J'ai lieu d'espérer que la plume de M. Dubois contribuera à révéler ces régions sous un jour heureux.

La mission n'a laissé ni un homme ni un bagage en arrière, malgré les difficultés de toute nature qu'elle a eu à résoudre.

Les armes ont été déposées avec les munitions au poste de Benty, les chevaux transportés à Dakar, à l'exception d'un qui a été vendu à l'almamy du Moréah.

Les deux mules ont été laissées en parfait état à la disposition de l'administrateur, avec des selles et des bâts. Ces animaux rendront de plus grands services que les chevaux. Ils seront très utiles aux administrateurs pour se déplacer et aller dans l'intérieur.

Les instruments ont été rapportés en bon état.

Les objets de campement qui étaient généralement détériorés et hors de service ont été distribués comme cadeaux.

Il est important de remarquer, au point de vue économique, que dans les conditions actuelles, la tonne de marchandise est majorée de 1,200 fr. avant même d'atteindre le Niger.

Il faut 40 noirs pour porter une tonne (40 fr. par jour), 30 jours pour atteindre le Niger : 40 fr. × 30 = 1,200 fr.

Une tonne de sel, qui ne vaut que 100 fr. à la côte, atteint le prix de 1,400 à 1,500 fr. au Niger.

Je cite cette marchandise entre toutes, car elle est transportée en quantité considérable ; les noirs ne sauraient en effet se passer de sel et le payent au poids de l'or.

Les marchandises, en arrivant au Niger, passent dans de nouvelles mains, et se répandent sur les nombreuses routes de l'immense bassin du grand fleuve soudanien. La valeur augmente encore en proportion des distances franchies, et, en pénétrant fort avant dans l'intérieur atteint des prix fantastiques.

Quelle révolution économique et quel monopole commercial pour la France le jour où une voie ferrée de 300 kilomètres jettera sur les rives du Niger des stocks de nos produits manufacturés, qui ne seront majorés que d'un prix de transport de 60 francs !

Les pays que nous avons visités offrent un vif intérêt à divers points de vue.

Le Moréah, qui est situé dans la région alluvionnaire de la Mellacorée, est découpé en tous sens par des marigots accessibles aux embarcations du commerce ; aussi tous les produits de cette région trouvent-ils un écoulement facile ; les habitants sont adonnés au commerce et à l'agriculture, qui est très en progrès ; aussi réalisent-ils de sérieux bénéfices qui leur font contracter des habitudes de bien-être et même de luxe. Les villages sont bien construits, les habitations sont spacieuses, entourées de larges vérandahs, et il n'est pas rare d'y rencontrer des ameublements européens.

Certains de ces villages sont très peuplés (Forécariah, 5,000 habitants ; Pharmoréah, 4,000 ; Baschia, 3,000) ; ils sont ombragés par des

bosquets d'arbres fruitiers, et l'on y rencontre en abondance les colatiers, qui atteignent dans cette région des dimensions inconnues partout
ailleurs.

Ces arbres précieux donnent chaque année deux récoltes d'un fruit
qui se vend 5,000 fr. la tonne, et certains de ces arbres dans le Moréah
fournissent annuellement jusqu'à 100 kilogr. de ces fruits précieux (une
récolte de 500 fr.).

Enfin, ce riche pays possède sur la frontière voisine du Caniah, des
forêts dont sortent actuellement chaque année 50 à 70 tonnes de
gomme copal.

Le Bennah est une immense région, limitée au Nord par une série
de hautes falaises, à l'Est et au Sud par le cours de la Kolenta. Il est
habité par une population de 70,000 à 80,000 habitants. Il renferme de
nombreux et beaux villages, généralement bien construits.

La population qui habite le Bennah est, comme celle du Moréah, très
civilisée et très adonnée au commerce.

Toutefois, à mesure qu'on s'éloigne de la côte, la production agricole
se restreint, à cause de l'impossibilité d'envoyer économiquement les
produits aux escales.

Les colatiers sont partout très abondants; ils forment parfois de
véritables petits bois autour des villages, qui sont ensevelis sous le
berceau de verdure des mangatiers, des orangers, des citronniers, des
bananiers, etc., etc., et enveloppés d'une ceinture d'arbres archisé-
culaires qui constituent une ceinture naturelle de défense.

Dans la région française, jusqu'à hauteur du gué de Korira, le cours
de la Kolenta forme deux biefs navigables isolés par le gué de Kourou,
à la hauteur de Quélia.

Le plateau central du Bennah longe cette rivière et vient mourir près
des rives de ce fleuve.

Dans le Tamisso, les vallées sont admirablement irriguées par les
rivières, qui tombent de toutes parts en cascades le long des pentes
abruptes; elles sont très riches en terre végétale et sont bien
cultivées.

Les plateaux sont généralement rocheux, peu productifs et parfois
sans végétation. Dans le massif du Kakoun-ya, il n'en est pas de
même. Les montagnes sont recouvertes de terre végétale et cultivées
sur les sommets les plus élevés. Les villages sont cachés dans des bosquets impénétrables, choisis de préférence sur les croupes escarpées.
On chemine dans un sentier sinueux pratiqué dans le taillis pour

arriver au village, et cet étroit boyau est fermé par des palissades où sont ménagées d'étroites ouvertures pour le passage.

Les montagnards qui habitent ces régions si difficiles d'accès, sont pauvres et quelque peu sauvages. Ils ne peuvent en effet écouler les produits agricoles, très abondants pour leur consommation, et qu'ils cultiveraient dans des proportions bien plus grandes encore s'il y avait acheteur. Ils ne peuvent trafiquer que le caoutchouc et l'ivoire pour se procurer les objets manufacturés, et ces riches produits ne sont pas assez abondants pour permettre à la population de se procurer, dans la mesure du besoin, les objets de première nécessité.

Cette région sauvage convient parfaitement aux éléphants, qui la parcourent en tout temps.

Pendant le séjour de la mission à Sambéïa, un de ces animaux fut tué dans le voisinage. Une nuit, sur les bords de la rivière Mamoun, nous fûmes mis en alerte par le passage d'une troupe d'éléphants qui défila au galop en faisant un grand bruit, entre le camp et ses grand'gardes. La région située au-delà de la rivière Kaba est toute différente de constitution et d'aspect.

Plus de montagnes aux assises abruptes, surmontées de pics fantastiques et escarpés ; jusqu'au Niger ce n'est plus qu'une région de petites collines mamelonnées, recouvertes de bois bordant des vallées en pâturages ou en futaies.

De toutes parts, sur les mamelons, suintent des sources qui donnent naissance à d'innombrables petits ruisselets, qui glissent lentement vers la vallée. La roche est devenue une rareté ; partout une terre végétale très épaisse dans les vallées ; elle recouvre également les collines, qui sont partout très boisées.

Ces admirables régions ne sont ni défrichées ni cultivées ; vues des points culminants, elles présentent l'aspect d'une verte et interminable forêt ; les rares habitants qui devaient l'habiter ont été déplacés par les Sofas.

On ne rencontre aucun sentier, si ce n'est ceux qui relient les postes militaires occupés par les Sofas, qui sont de la sorte maîtres des communications.

Autour des postes militaires où résident les chefs, sont installés des petits villages de captifs pour cultiver et approvisionner les Sofas.

Les pays dont je viens de donner une description sommaire sont habités par les Sousous.

Cette race qui, au point de vue ethnologique et linguistique, offre un caractère tout particulier, occupait il y a trois siècles la plus grande partie du territoire qui constitue aujourd'hui la colonie des Rivières du Sud, et s'étendait au delà du Fouta-Djallon jusqu'aux rives du Niger.

Les Djalonkés, que les Foulahs s'assimilèrent en partie, appartiennent à la race sousou.

Les territoires que les Foulahs ne purent conquérir, le Furia, le Fita, le Houré, le Kamonké, le Kakoun-ya, furent dénommés par eux pays des Houbbous.

Cette expression est tombée en désuétude pour les pays que je viens de citer, et n'est plus réservée qu'à un groupe avec lequel ils sont toujours restés en hostilité, et qui vient d'être dévasté par les Sofas.

Le Sousou a un caractère doux et réfléchi ; cultivateur et très commerçant, il est ennemi des aventures et n'est pas guerrier.

Les petits États ont tous la même organisation politique : un almamy nommé à l'élection par les chefs du pays et choisi dans certaines familles privilégiées qui fournissent toujours les almamys ; des chefs de province qui portent le titre d'alcalis et qui transmettent le pouvoir dans leur famille. Les Foulahs, en prenant possession du Fouta-Djallon, ont emprunté cette organisation aux vaincus.

La religion musulmane est universellement répandue dans les pays sousous, mais elle ne fait pas de fanatiques, même parmi les plus fervents ; aussi, dans ces régions, les relations avec les Européens sont et resteront faciles.

Dans tous les principaux villages, les marabouts possèdent l'usage de l'écriture arabe et l'enseignent à de nombreux élèves. On n'est jamais embarrassé pour trouver un Sousou capable d'écrire une lettre en caractères arabes.

La base de la nourriture du Sousou est le riz, qui est partout cultivé avec succès et est d'une qualité supérieure.

Il se vend couramment 25 fr. ou 15 fr. les 100 kilogr., en marchandises, suivant qu'il est décortiqué ou non décortiqué. Sur la côte, ce produit donne lieu à d'importantes transactions commerciales ; mais les Sousous de l'intérieur ne peuvent l'apporter aux escales.

On cultive partout avec succès les patates et le manioc.

Dans les villages, on rencontre en quantité les mangotiers, qui fournissent un précieux ombrage ; les orangers, qui atteignent dans le voisinage de la côte des dimensions surprenantes ; les citronniers, les bananiers, les papayers, les avocatiers, les ananas, qui bordent les chemins, enfin les colatiers, partout très abondants.

Il est rare de rencontrer un village qui n'ait pas ses champs de cotonniers, et dans tous on tisse des étoffes dont l'usage est excellent.

Les captifs et les gens des classes inférieures ne s'habillent guère qu'avec ces cotonnades, qu'ils fabriquent eux-mêmes. Elles sont teintes avec l'indigo, qui est partout très répandu.

Les Sofas ne portent guère d'autre étoffe ; les cotonnades de fabrication européenne apportées de la côte ne peuvent être achetées, en raison de leur prix, que par les chefs.

Si les communications sont ouvertes avec l'intérieur du pays, la culture du coton sera susceptible de prendre un développement très important, car sa bonne qualité le fait apprécier en Europe, où il n'est pas inconnu.

Le café se rencontre à l'état sauvage dans diverses régions, mais les indigènes ne le cultivent pas : ils se contentent de récolter celui qui pousse à l'état sauvage.

Nous avons vu du ricin partout, même en territoire sofa ; les indigènes cultivent également le tabac avec succès.

Les Sousous ont de grandes quantités de bœufs ; leur valeur courante varie de 30 à 90 fr.

Il n'y a pas, à proprement parler, de belles forêts dans les pays explorés par la mission ; mais la petite futaie couvre la plus grande partie du territoire.

Près des cours d'eau et des sources, dans les endroits humides, on rencontre des espaces recouverts de grandes futaies, enchevêtrées de lianes à caoutchouc, d'ailleurs très communes dans tous les taillis.

Les palmiers, peu abondants, cessent tout à fait à 200 kilomètres de la côte.

LE CHEMIN DE FER DE LA MELLACORÉE AU NIGER.

L'examen attentif des régions dont je viens de parler ne laisse aucun doute sur le brillant avenir qui leur est réservé. Le commerce y est actuellement considérable ; il ne pourra qu'augmenter quand la situation du Soudan français sera améliorée dans la région voisine du Haut-

Niger et que les communications seront rétablies sur les territoires envahis et neutralisés, en quelque sorte, par les bandes de Samory.

L'agriculture, qui est partout florissante, prendra un développement considérable si des moyens de communiquer économiquement sont établis avec la côte.

Or. quel meilleur moyen de communication imaginer en dehors d'un chemin de fer économique unissant la Mellacorée au Niger ?

Toutefois, je parlerai en premier lieu du chemin de fer du haut fleuve, car je suis obligé de faire ressortir l'impossibilité matérielle de l'utiliser efficacement pour l'exploitation régulière et méthodique que nécessite une région aussi immense, aussi peuplée, et aussi productive que celle du bassin du Niger, dont la superficie est supérieure à celle de la France. Il me sera, par la suite, d'autant plus facile de faire ressortir les avantages tout spéciaux que présentera la voie ferrée de la Mellacorée.

Le chemin de fer du haut fleuve a son point d'origine à Kayes, sur le fleuve Sénégal. A vol d'oiseau, Kayes est à plus de 500 kilomètres de la côte, et le cours du fleuve, entre Kayes et Saint-Louis, a un développement du double.

Le chemin de fer est déjà construit sur une longueur de 120 kilomètres jusqu'à Bafoulabé ; c'est le quart de la ligne totale projetée pour atteindre Bamakou sur le Niger. Depuis plusieurs années, le Parlement refusant les crédits demandés, les travaux de cette ligne sont suspendus. Elle ne présenterait pas de grandes difficultés d'établissement ; toutefois, il y aurait des travaux d'art considérables à effectuer si l'on songeait à construire des ponts sur les importants cours d'eau du Bafing et du Bakhoy.

Si ce chemin de fer du haut fleuve était construit et qu'on voulût l'utiliser pour l'exploitation du bassin du Niger, on rencontrerait, dans l'exécution de ce vaste projet, des difficultés matérielles et économiques qui seraient ruineuses pour l'entreprise. Nous allons en donner la raison.

Le Sénégal n'est navigable pour les navires de haute mer d'un tonnage inférieur à 2,000 tonneaux, les seuls susceptibles de franchir sans danger la barre du Sénégal, que pendant les mois de juillet, août et septembre. L'entreprise commerciale du Niger aurait donc à se préoccuper d'envoyer en bloc toutes les marchandises pendant cette saison d'hivernage si défavorable aux opérations. Il faudrait affréter une véritable flotte (1), qui viendrait s'engouffrer dans l'étroit chenal du fleuve devant Kayes. Les traités d'affrètement, passés dans de pareilles conditions, subiraient une hausse sensible ; ils seraient majorés, d'ailleurs, du fait des assureurs, qui n'ignorent pas les dangers que présente aux navires d'un certain tonnage la navigation dans un fleuve sinueux, étroit et au courant rapide.

A Kayes, la population indigène suffirait difficilement à fournir la main-d'œuvre demandée pour le déchargement des marchandises, le chargement des produits, et la mise en magasin qu'il serait nécessaire de faire à la hâte, pendant cette saison des pluies.

Même en admettant qu'on utilise un outillage de quai perfectionné, il serait bien difficile aux navires d'accomplir leurs opérations dans les délais prévus par les traités, et de ce fait, le fret serait encore majoré.

Les navires auraient à charger pour le retour les produits accumulés en magasin depuis des mois et dépréciés par les fermentations qui se produisent à la longue, surtout en temps d'hivernage.

Quoique fort éloignée de son véritable champ d'action, l'entreprise commerciale du Niger serait obligée de construire à Kayes des entrepôts considérables, et d'entretenir un personnel nombreux.

Il lui faudrait en outre des capitaux importants, pour acheter en bloc toutes les marchandises nécessaires à la traite d'une saison, car elle aurait à en solder la facture avant même que ces marchandises aient pu matériellement s'écouler vers le Niger.

Cette dernière considération obligerait l'entreprise commerciale à majorer d'une façon importante le prix de ses marchandises qui seraient déjà grevées, à leur arrivée à Bamakou, du fait des transports et des emmagasinements, d'une plus-value qui ne serait pas inférieure à 200 francs par tonne.

Examinons comparativement ce qui se produira, quand on pourra utiliser le chemin de fer de la Mellacorée au Niger.

Les navires de 3,000 tonneaux entrent en tout temps en Mellacorée, ils débarqueront aux appontements de Maoundé, à deux heures de navigation en rivière, leur chargement transporté d'Europe au tarif de mer ordinaire, c'est-à-dire au prix de 30 à 40 francs.

---

(1) Nous faisons constater plus loin que l'importation pour le bassin du Niger ne sera pas inférieure à 50,000 tonnes, et que l'exportation sera plus considérable encore.

Les navires pouvant entrer tous les jours de l'année, et se mettre à quai, les déchargements se feront avec calme, économiquement, et une partie des marchandises et des produits passeront directement des bateaux sur les wagons et *vice versâ*.

Grâce à l'organisation des appontements qui permettra de décharger trois cales en même temps, en quatre jours, un navire débarquera 2,400 tonnes, et pourra repartir huit à dix jours après son arrivée avec son plein chargement.

Si la tonne doit coûter 48 francs pour voyager sur le chemin de fer du haut fleuve, à tarif égal, elle n'en coûtera que 34 sur le chemin de fer de la Mellacorée.

En résumé, les marchandises iront par cette voie d'Europe au Niger, en quinze jours, au prix de 70 à 80 francs ; et, quatre ou cinq mois après leur achat, les produits obtenus débarqueront sur les quais européens.

Cette dernière considération qui a trait à l'escompte commercial, rendrait toute lutte impossible pour le chemin de fer du haut fleuve, en admettant même, que grâce à des prodiges d'organisation, on pût parvenir, cette ligne étant créée, et fonctionnant, à transporter les marchandises à Bamakou, avec des tarifs aussi avantageux que ceux dont on bénéficiera dans le transit par la Mellacorée.

J'ai lieu de supposer que les lecteurs sont suffisamment convaincus des avantages tout spéciaux que présentera le chemin de fer de la Mellacorée et je n'insisterai pas.

Toutefois, j'appellerai une dernière fois l'attention sur une considération humanitaire, qui mérite d'être prise au sérieux. Les Européens qui seront sur le Niger, au terminus du chemin de fer de la Mellacorée, pourront se rendre en deux jours, trois au plus, à Konakry ou Sierra-Leone. Ceux qui seront malades ou fatigués, pourront donc se déplacer facilement, et aller chercher la santé à la côte. Dans le haut fleuve, on est emprisonné pendant toute la saison sèche, car on ne peut descendre le Sénégal avant le retour des pluies. Il reste, il est vrai, la ressource de tenter une descente longue et pénible sur un petit chaland. Pendant la saison la plus favorable pour la navigation, il faut encore cinq ou six jours pour se rendre de Kayes à Saint-Louis en utilisant les bateaux à vapeur.

Supposons maintenant qu'une compagnie puissamment organisée ait obtenu le privilège de construire le chemin de fer projeté, et de s'établir sur le Niger.

Nous allons examiner les diverses opérations qu'elle devra accomplir dans l'exécution de ce vaste projet.

Sa base d'opérations étant à Maoundé, elle devra, avant toutes choses, faciliter l'entrée des navires en Mellacorée, en complétant le balisage qui existe actuellement, grâce à l'initiative prise par la Compagnie française.

A Maoundé, il faudra créer au plus vite les appontements et un quai d'accostage d'une longueur de 200 mètres, ce qui permettra à deux vapeurs à la fois d'être bord à quai.

Sur la côte d'Afrique, ces travaux s'exécutent économiquement avec le rônier, cet arbre précieux, dont le fût de forme cylindrique et régulière, atteint jusqu'à 20 mètres de hauteur. On dispose ainsi de véritables colonnes végétales qui ont l'avantage de ne pas pourrir dans l'eau, et de ne pas être attaquées par les termites et autres insectes, quand on les utilise sur terre.

Le long des quais de Maoundé, les navires auront 5 mètres d'eau à marée basse.

Aussitôt que les appontements seront suffisamment avancés pour permettre aux navires d'accoster, les établissements de Maoundé pourront être commencés en même temps que le chemin de fer.

Nous pensons qu'il faudra se contenter de construire une ligne très économique du système Decauville.

On ne doit envisager en effet, que la question du transit, et considérer comme secondaire la question du transport des voyageurs. Il sera toujours facile d'organiser le confortable nécessaire aux Européens peu nombreux qui prendront passage sur la voie ferrée ; et les moyens de transport les plus élémentaires suffiront aux indigènes.

La saison pendant laquelle les travaux pourront être exécutés, commencera en décembre, et finira en juin. On disposera donc de six mois par an pour établir la voie ferrée, et il n'est pas exagéré de supposer que dès la première année, il sera possible de franchir les soixante premiers kilomètres. Le terrain se prêtera d'ailleurs admirablement à l'exécution rapide des travaux de cette première portion ; sur son parcours en effet, on sera partout sur un sol résistant, très uni, sans accidents de terrain, rarement boisé, la région qui est très habitée ayant été en partie défrichée.

Pour organiser les équipes de travailleurs, on recrutera à volonté des indigènes dans le Samoh, le Moréah et le Bennah. Les serviteurs sont inutiles aux maîtres pendant la saison sèche, car les lougans (1) sont mis en état, et ensemencés, au commencement des pluies; et la récolte a lieu aussitôt après. Aussi, à partir de cette époque, les maîtres sont-ils disposés à mettre leurs serviteurs en location.

Sierra-Leone fournira le contingent d'ouvriers d'art indigènes, et il sera facile de constituer de bonnes équipes avec l'appoint de quelques ouvriers spéciaux européens, et la direction de contre-maîtres patients; la main-d'œuvre indigène coûtera très bon marché.

La première portion du parcours de la voie ferrée passera dans le voisinage de la route commerciale vers le Niger et le Fouta-Djallon; aussi, au grand village de Kofiou, où les deux routes bifurquent, il y aura lieu de créer une première station commerciale.

La seconde année, on atteindra le gué de Korira qui assure le franchissement de la Kolenta (Grande-Scarcie), à hauteur du 115e kilomètre. Ce gué, qui semble fait tout exprès pour faciliter l'établissement d'un pont dans des conditions particulièrement économiques, est constitué par une série de roches horizontales qui assurent un passage large de 20 à 30 mètres. Pendant la saison sèche, les roches émergent à 50 centimètres au-dessus des eaux, qui s'écoulent par des fentes transversales. Sur ce pont naturel, on traverse à pied sec la Kolenta, rivière de 80 à 100 mètres de large, et de 3 à 4 mètres de profondeur; et rien ne sera plus facile que d'élever une série de piliers de 2 mètres de haut, sur lesquels on fera reposer un tablier en rôniers. Une forêt de ces arbres s'étend en amont le long de la rive droite de la rivière, et, à partir de Korira, la direction du chemin de fer pourra exploiter ces arbres pour fournir les traverses, et les madriers utilisables dans la construction des ponceaux.

Korira, qui, pour les indigènes, est à 6 ou 8 jours de Timbo, deviendra une escale commerciale; dans le voisinage, passe d'ailleurs la route fréquentée par les caravanes qui assurent le trafic entre Sierra-Leone et le Fouta-Djallon.

En aval et en amont du gué, la Kolenta est navigable sur des biefs qui ont chacun un parcours de 30 à 40 kilomètres; la navigation y est facile, la rivière étant profonde et n'ayant qu'un faible courant. Par le bief supérieur, on atteint le passage de la route qui descend du Fouta-Djallon sur Kofiou.

---

(1) Champ de culture.

Pendant ces deux premières années, la direction agricole de la compagnie aura une importante mission à remplir. Elle devra, en effet, créer à proximité de la voie ferrée, et plus particulièrement dans le voisinage des escales commerciales et des stations, de belles plantations de caféiers, de cacaoyers et de colatiers. Les résultats concluants obtenus à Sierra-Leone par la Compagnie française, constituent un sérieux encouragement.

J'ai visité dernièrement ces plantations; les caféiers, espèces dites de Liberia et du Rio-Nunez, plantés il y a cinq années, sont espacés de deux mètres dans les plantations; ces arbustes sont en plein rapport, et leur feuillage est si touffu, qu'on ne peut plus passer entre les caféiers. Les cacaoyiers, plantés à la même époque, sont également en plein rapport.

Une de ces plantations contient dix mille caféiers. Le café récolté est très apprécié, il est en effet d'une excellente qualité.

Dans les régions dont nous nous occupons, le caféier existe d'ailleurs partout à l'état sauvage, ce qui garantit la réussite des plantations qui seront entreprises.

Quant au colatier, c'est en Mellacorée qu'on en rencontre les plus beaux échantillons; certains de ces arbres, qui atteignent des dimensions inconnues partout ailleurs, donnent, dans l'ensemble de leurs deux récoltes annuelles, jusqu'à 150 et peut-être 200 kilos de fruits; une valeur représentative de près de 1,000 francs, car actuellement le cours du cola varie entre 4,500 et 5,000 francs la tonne.

Le colatier ne se rencontre que dans une zone très restreinte, sur la côte d'Afrique entre les 8e et 11e degrés de latitude nord. Il ne pousse plus à une petite distance de la mer, et c'est précisément au milieu de cette région colatière, c'est-à-dire entre le 9e et 10e degré que se trouve la Mellacorée; c'est peut-être ce qui explique que cette culture, qui ne se rencontre plus que dans quelques régions du Soudan, y atteint son plein épanouissement.

Nous croyons pouvoir estimer que la région des Rivières du Sud ne livre pas annuellement une récolte supérieure à deux millions; nous donnons ce chiffre sous bénéfice d'inventaire, car les colas, s'écoulant en grandes quantités vers l'intérieur, il est impossible d'apprécier la valeur de cette partie de l'exportation.

Dans la région voisine du chemin de fer, jusqu'au 100e kilomètre, on peut estimer qu'il y a de 8 à 10,000 colatiers de divers âges, répartis dans l'ensemble des villages; nous n'exagérons pas, en admettant qu'ils fournissent annuellement une récolte dont la valeur moyenne est de 500,000 francs.

Le cola est pour les indigènes un aliment de luxe très recherché; en Europe, on commence à utiliser ce fruit, depuis que les chimistes son parvenus à isoler le principe excitant et à réserver l'élément essent tiellement tonique qu'il renferme.

La direction agricole aura intérêt à faire de grandes plantations de colatiers; l'écoulement de la récolte sera toujours facile, quelque importante que puisse être la production; on devra d'ailleurs se préoccuper de provoquer la baisse sur le prix du cola, pour vulgariser son emploi en Europe.

Dans le courant de la troisième année d'exploitation, le chemin de fer pourra être poussé jusqu'à Béréah, résidence de l'almamy du Dougouta. On atteindra ainsi le 175e kilomètre, en restant toujours dans des conditions d'exécution facile.

Dans ce troisième parcours, le chemin de fer franchira l'immense plaine qui s'étend entre la grande et la petite Scarcie (Kolenta et Kaba).

Cette vaste étendue de pays, facile à parcourir en tous sens, grâce aux sentiers nombreux qui s'y croisent, est traversée par tous les chemins qui relient les régions montagneuses du nord-est aux régions du sud-ouest; c'est une région de transit, et le chemin de fer en détournera le courant à son profit. Ces plaines, susceptibles de produire beaucoup, sont relativement peu habitées, car les populations redoutent de rester sur un territoire qui est trop facilement accessible aux aventuriers avides de pillage.

Le passage du chemin de fer provoquera d'importants groupements de populations qui alimenteront son transit du fruit de leur travail.

Sur les hauteurs voisines, on aura le loisir de pouvoir établir à des altitudes de 7 à 800 mètres d'excellents sanatoriums.

Nous admettrons que la quatrième année, grâce à l'expérience acquise, et à l'entraînement des équipes, il sera possible de pousser jusqu'à Sallyia, au 260e kilomètre.

C'est en cet endroit que bifurque la route commerciale de la Mellacorée vers les régions du Niger; aussi, à partir de Sallyia, la ligne du chemin de fer monopolisera-t-elle le trafic avec le haut Niger.

Dans les conditions actuelles de transport, une tonne de marchandise coûte 3 ou 400 francs de transport pour atteindre Korira et 1,000 à 1,200 pour atteindre Sallyia; aussi, estimons-nous qu'il sera possible de faire vivre le chemin de fer avant qu'il n'ait atteint le Niger, et qu'il soit devenu possible d'établir des tarifs normaux; car, jusqu'à l'achèvement complet, il sera possible d'établir des tarifs spéciaux très majorés, sans porter préjudice aux transactions commerciales.

Dans cette quatrième partie de son parcours, la voie ferrée longera les contreforts de Kakoun-ya, et sur ces hauteurs de la voie ferrée, les Européens trouveront à leur gré un climat assez favorable pour tenter l'acclimatement.

Elle franchira la petite Scarcie, qui n'est qu'un torrent de 150 à 200 mètres de large, sans profondeur, roulant sur fond de roches, et divisé en plusieurs bras par des îles ; elle traversera de grandes régions sauvages et boisées, et passera à proximité de la frontière du Fouta-Djallon sur des territoires éloignés de cinq journées de marche de Timbo.

On pourra donc compter sur un nouveau et important courant commercial avec les provinces du sud-est de cette grande confédération, habitée par un million de gens semi-civilisés, très commerçants, et volontiers courtiers. Le Fouta-Djallon peut être comparé à un immense entrepôt de marchandises et de produits, car les Foulahs se sont improvisés entrepositaires et transitaires du trafic, qui existe actuellement entre les escales de la côte et les régions de l'est. Dans les conversations que nous avons eues avec ces gens intelligents et pratiques, il nous a été facile de leur faire comprendre les services que pourrait rendre à leur industrie le voisinage de la voie ferrée, et ils escomptent à l'heure présente le bénéfice qui résultera pour eux du fait de n'avoir plus à franchir les grands espaces qui les séparent de la côte, et de courir le risque du mauvais accueil qu'ils reçoivent de temps à autre sur certaines routes caravanières.

J'espère, comme le lecteur, que les Français qui auront entrepris la création du chemin de fer, sauront faire l'effort nécessaire pour pousser la voie vers l'immense plaine de la vallée du Niger, et atteindre, dès la cinquième année, le cours navigable de ce fleuve à 80 kilomètres de Sallyia.

Le terminus de la voie ferrée deviendra rapidement un centre considérable ; au point de vue commercial, il reprendra au sud du Niger le rôle qu'au siècle dernier exerçait Tombouctou au nord de ce fleuve.

D'immenses établissements et entrepôts s'y élèveront, des chantiers de construction fluviale y seront mis en œuvre, et les relations journalières avec la côte où l'on se rendra en seize ou dix-sept heures, créeront un va-et-vient journalier d'Européens.

Cette rive si lointaine, perdue au milieu de régions encore mysté-rieuses, ne sera plus qu'à quelques journées de la vieille Europe. Tout contribuera à faire de cet endroit un centre d'action, et un centre de lumière ; la locomotive aura fait surgir de terre la capitale de notre empire du Soudan occidental.

Inspirés par ces pensées, mes compagnons et moi avons cherché un nom de bon augure, à la rivale de Tombouctou ; et d'un mouvement spontané, après avoir jeté un regard vers la patrie absente, nous l'a-vons baptisée du nom de Carnot-Ville.

PROFIL DU CHEMIN DE FER DE LA MELLACORÉE AU NIGER.

(d'après l'étude rapportée par la Mission).

CRÉATION D'ÉTABLISSEMENTS COMMERCIAUX ET D'UN SERVICE FLUVIAL SUR LE NIGER.

Quand le chemin de fer aura atteint Carnot-Ville, la direction du service de navigation sur le Niger devra se préoccuper de faire arriver pièce par pièce ses remorqueurs et ses chalands.

Dès que l'outillage naval sera mis à flot, la direction commerciale à son tour, pourra entreprendre la construction de ses établissements aux diverses escales du Niger.

Dans l'organisation de cette prise de possession, il y aura lieu d'en-visager deux zones au point de vue commercial.

La première s'étendra depuis Carnot-Ville jusqu'à 7 ou 800 kilo-mètres en aval du fleuve. Sur ce parcours, les établissements commerciaux seront nombreux, car la densité de la population (15 à 20 habitants par kilomètre carré) y est très forte. Les factoreries seront construites dans le voisinage du confluent des affluents, qui seront des routes secondaires de drainage.

Un service régulier de remorqueurs, échelonnés dans les biefs entre les mauvais passages, assureront le va-et-vient des chalands, qui alimenteront les factoreries du fleuve, et ramasseront les produits.

Dans cette première zone commerciale, le transport fluvial, peu onéreux, permettra de trafiquer tous les produits.

Dans la deuxième zone, qui s'étendra sur le reste du parcours du fleuve jusqu'à Say, et qui pourra recevoir son organisation pendant la septième année, il suffira de créer quelques établissements qui n'achèteront que les produits riches.

Il faut considérer, en effet, que les chalands ne feront jamais, tant dans un sens que dans l'autre, avec le concours des remorqueurs, plus de 100 kilomètres par jour. Pour atteindre les derniers établissements du fleuve, les marchandises navigueront pendant 20 jours, au minimum, sur le Niger, et pour faire remonter les produits à Carnot-Ville il faudra peut-être plus de temps encore. Dans ces conditions, les produits riches et peu encombrants pourront seuls supporter les frais sensibles qui résulteront de ce long parcours en rivière.

CONSIDÉRATIONS GÉNÉRALES SUR LE TRAFIC AVEC LE NIGER.

Les marchandises européennes et les produits indigènes du trafic soudanien peuvent être classés en deux catégories.

D'une part, marchandises encombrantes et marchandises riches; de l'autre, également, produits encombrants et produits riches.

La région où s'exercera l'influence commerciale du Niger représente une superficie d'environ 800,000 kilomètres carrés.

On a admis jusqu'à ce jour d'une façon générale que la population de ces régions oscillait entre 15 et 20 habitants par kilomètre carré.

On serait donc en droit d'admettre que la population de cette immense région atteint peut-être le chiffre de quinze millions d'habitants.

Pour rester au-dessous de la juste approximation, et tenir compte de ce fait que dans certaines régions voisines du Sahara, la population est en partie nomade et très clairsemée, nous réduirons ce chiffre de moitié, soit 8 millions. Toutefois, puisque nous parlons des régions sahariennes, faisons remarquer que les transactions commerciales s'y étendront fort loin.

Quoi qu'il en soit, en admettant le chiffre de 8 millions d'habitants, et voulant établir de justes calculs de probabilité de consommation et de production, nous établirons nos points de comparaison en prenant pour base les observations faites journellement, et d'une façon précise, dans certaines régions méthodiquement exploitées de la côte d'Afrique.

Au nombre des marchandises encombrantes qui auront un marché considérable dans la vallée du Niger, le sel, comme je l'ai déjà dit, est à citer en premier. Dans les régions où cette denrée pénètre économiquement et ne se vend pas au poids de l'or, ainsi que cela se pratique actuellement dans l'intérieur du Soudan, la consommation annuelle dépasse 3 kilogrammes par habitant. Il n'y a pas lieu de s'étonner de cette consommation relativement importante, car les indigènes donnent beaucoup de sel à leurs bestiaux.

En calculant sur les données que nous avons énoncées, on voit qu'il entrera plus de 40,000 tonnes de sel par an dans le bassin du Niger.

Nous sommes personnellement convaincu que la consommation dépassera ce chiffre, pourtant considérable.

Les tissus, la poudre, le tabac, les armes, les marmites en fonte, les objets de parure et de luxe, s'écouleront dans le bassin du Niger par stocks énormes, et nous restons au-dessous de toute réalité, en estimant à 20,000 tonnes l'ensemble des marchandises *riches* que le Soudan absorbera.

Nous arrivons de la sorte à calculer sur une importation de 60,000 tonnes.

Les wagons qui transporteront ces quantités énormes ne reviendront pas vides ; ils auront en effet à charger des produits encombrants, et nous citerons parmi ceux-là l'arachide.

Les régions qui produisent au Sénégal les 40 ou 60,000 tonnes annuelles de l'exportation de cette graine, ne représentent pas dans leur ensemble une superficie de plus de 20,000 kilomètres carrés, et n'ont pas une population supérieure à 5 ou 600,000 habitants.

L'arachide du Niger, dont nous avons pu apprécier la bonne qualité dans le pays de production, est cultivé dans tout le bassin de ce fleuve pour les besoins de la consommation locale. La production prendra l'extension dont elle est susceptible, quand le produit pourra être acheté aux escales ; or, dans la première zone commerciale où les transactions auront lieu, la superficie drainée pour les produits encombrants, atteint 200,000 kilomètres carrés, elle est en outre habitée par une population très dense qui n'est pas inférieure à 3 millions d'habitants. On peut admettre, en outre, que l'agriculture progressera plus rapidement qu'au Sénégal, car la population *captive* est plus grande, et les travailleurs ne manquent pas.

En se basant sur les chiffres comparatifs des populations, on peut admettre, sur les données que nous avons énoncées, que la production en arachides sera quatre ou six fois plus grande dans les hautes vallées du Niger que dans les régions sénégalaises ; nous pouvons en tout cas compter sur une production égale à celle qui enrichit le Sénégal.

Nous ne parlerons ni du mil, ni du sorgho, ni du maïs, ni du riz et autres denrées à classer parmi les produits encombrants, et qui pourront être trafiqués avantageusement dans la région du Niger. Il nous reste donc à parler des produits riches, qui sont, en premier lieu, l'or qu'on achète un peu partout, puis l'ivoire, dont la traite sera importante dans les régions du bas Niger, le caoutchouc, qui sera un produit abondant, la gomme copale, la gomme arabique qui se traitera au nord du Niger sur les confins du Sahara, les peaux de bœufs qui sont achetées 2,400 francs la tonne sur le marché de New-York et qui seront l'objet d'une traite considérable dans la région du Niger, où elles sont actuellement sans valeur, le karité, etc., etc.

En estimant à 10 ou 15,000 tonnes l'exportation de ces produits, on ménagera pour l'avenir des surprises agréables.

L'ensemble de ces divers produits contrebalancera en quantités, comme on le voit, les marchandises d'importation dans le transit qui se chiffrera annuellement par un mouvement énorme de 100,000 tonnes, ce qui nécessitera la circulation journalière de six trains de 40 à 50 tonnes,

Si la tonne paye 30 francs entre Maoundé et Carnot-Ville, la recette annuelle du chemin de fer dépassera 3 millions.

La race noire étant réfractaire aux idées de progrès avancé, nous n'aurons pas à redouter en Afrique la concurrence industrielle qui nous ferme peu à peu les marchés que nous alimentions dans le monde ; les pays lointains en effet créent hâtivement leur industrie, et s'entourent d'une protection douanière; les marchés africains nous sont eux-mêmes fermés par les nations qui les ont fait rentrer dans leur zone d'influence, et veulent les réserver à leur industrie nationale.

Félicitons-nous donc de la prévoyance de nos hommes d'État, qui ont su nous conserver en partage d'immenses régions africaines, dont les marchés réservés à notre industrie la sauveront peut-être du chômage.

Capitaine BROSSELARD-FAIDHERBE.

Lille Imp. L. Danel.

www.ingramcontent.com/pod-product-compliance
Lightning Source LLC
Chambersburg PA
CBHW060810280326
41934CB00010B/2636